RELATION
DE LA DEUXIÈME DÉFENSE DE LA PLACE DE BADAJOZ EN 1812,

PAR LES TROUPES FRANÇAISES DE L'ARMÉE DU MIDI EN ESPAGNE, CONTRE L'ARMÉE ANGLO-PORTUGAISE;

PAR LE COLONEL DU GÉNIE LAMARE, DIRECTEUR DES FORTIFICATIONS.

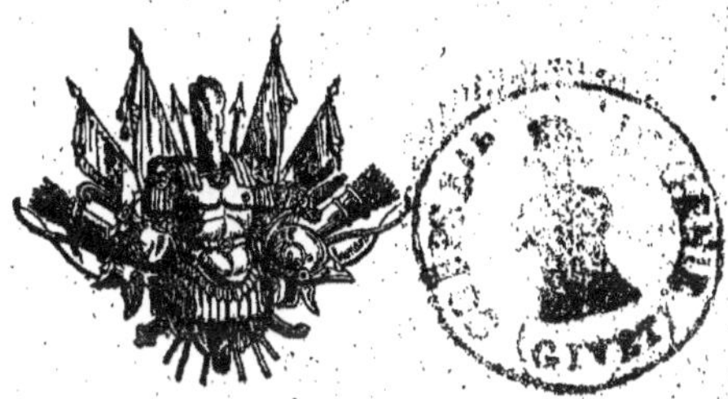

A BAYONNE,
Chez GOSSE, Libraire, rue Prébendés N.° 11.

1821.

De l'Imprimerie de DUHART-FAUVET, Imprimeur du Roi et de la Ville.

RELATION

DE LA 2.me DÉFENSE

DE LA PLACE DE BADAJOZ

PAR LES FRANÇAIS,

EN 1812.

Avant-Propos.

J'ai hésité jusqu'à présent à faire imprimer la relation de la 2.me défense de Badajoz, que j'ai écrite immédiatement après que cette place fut tombée au pouvoir des Anglais ; mais les journaux du temps et les divers ouvrages qui ont paru sur la guerre d'Espagne, n'ayant donné que des notions très inexactes sur cette défense, j'ai cru devoir rétablir les faits et les publier. Je remplis par là le double but de fournir des matériaux à l'histoire, et de faire connaître les détails d'un événement mémorable, que les militaires qui seront un jour appelés à faire des siéges et à défendre des places, ne liront pas sans fruit.

J'ai rendu compte de tout ce qui m'a paru mériter quelque attention ; j'ai cherché à écrire d'une manière simple et claire, et je me suis attaché particulièrement à présenter les choses sous le jour qui convient à la vérité.

J'ai fait peu de réflexions sur les fautes qui ont été commises de part et d'autre : les militaires qui ont l'expérience de la guerre, savent que les plus grands capitaines n'ont pas été exempts de se tromper. Il est toujours assez facile de porter un jugement après les événemens, et de l'appuyer même d'argumens spécieux ; mais il faut se reporter aux circonstances difficiles où l'on s'est trouvé, et les envisager avec impartialité. Sachons profiter des exemples du passé, pour qu'ils contribuent à l'avenir à la gloire et à l'intérêt de l'état.

ERRATA.

Page 6, ligne 13, au lieu de *G*, lisez : *g g g*.

Page 19, ligne 17, au lieu de : *Cet officier supérieur s'était éminemment distingué à la défense d'Almeida, dont il avait fait sauter les fortifications ;*

Lisez : *Cet officier supérieur s'était éminemment distingué à la défense d'Almeida, où il avait contribué, sous les ordres du chef de bataillon du génie Morlet, à faire sauter les fortifications.*

RELATION

DE LA 2.me DÉFENSE

DE LA PLACE DE BADAJOZ

PAR LES FRANÇAIS,

EN 1812.

« En fait de guerre, il y a deux parts, celle du général et celle du hasard : « la part du hasard est même toujours la plus forte. »

(TURENNE.)

A L'ÉPOQUE du mois de février 1812, les rapports des espions et les renseignemens donnés par des habitans de l'Estremadure qui voyageaient en Portugal, annonçaient que les Anglais avaient de nouveau l'intention d'assiéger Badajoz. Tous s'accordaient à dire qu'ils réunissaient à cet effet une grande quantité de vivres et de munitions à Elvas (*); et que plus de mille ouvriers étaient employés sans relâche à confectionner les gabions, les fascines, et autres objets destinés aux travaux du siége. Le général de division baron Philippon, gouverneur, recueillit avec soin tous ces renseignemens, et les transmit au maréchal duc de Dalmatie, général en chef de l'armée du midi.

(*) Ville très forte de Portugal, à trois lieues de Badajoz, servant de dépôt à l'armée Anglaise.

Le 10 du mois de mars, on apprit que l'ennemi avait réuni à Elvas 78 pièces de canon prêtes à être mises en mouvement pour le siége : d'autres avis firent aussi connaître que l'armée de lord Wellington, forte de 50 mille hommes, se concentrait entre Port-Alegre, Estremos, et Villaviciosa. Le gouverneur manda de nouveau au duc de Dalmatie, qu'il n'était plus possible de douter que Badajoz ne dût être bientôt assiégé ; que l'ennemi réunissait tous ses moyens, et qu'il se flattait ouvertement de se rendre maître de la place, avant qu'elle pût être secourue par l'armée du midi et par celle de Portugal.

Le directeur d'artillerie, dans ses lettres au général baron Ruty, commandant l'artillerie de l'armée, demandait avec instance des poudres et des projectiles creux, dont on manquait absolument. Deux fois un convoi de ces objets partit de Séville, et deux fois le général Anglais Hill, qui en avait été informé, mit en mouvement son corps d'armée, et força le convoi à rétrograder. Le général comte d'Erlon avait été chargé de protéger ce convoi ; mais, soit que ce général eût fait son mouvement trop tard, soit que ses forces fussent insuffisantes, l'opération manqua ; et Badajoz ne fut point suffisamment approvisionné.

De notre côté nous nous empressâmes de donner avis au général de division baron Lery, commandant le génie à l'armée du midi, des préparatifs de l'ennemi, et des dispositions que nous avions prises, en lui faisant connaître notre opinion sur le temps pendant lequel nous présumions que la place pourrait résister à l'attaque la plus opiniâtre et la mieux dirigée. Nos calculs nous autorisèrent à fixer le *maximum* de la défense à 20 ou 25 jours de tranchée ouverte. La suite a prouvé que nous ne nous étions pas trompés, et qu'on devait s'attendre à des efforts extraordinaires de la part des Anglais. On n'ignorait pas d'ailleurs qu'ils avaient été humiliés au siége précédent, et que la présence de lord Wellington était une raison suffisante pour qu'ils ne négligeassent rien de ce qui pouvait assurer le succès d'une nouvelle attaque. Mais suspendons un moment ce qui est relatif au siége, pour donner une connaissance succincte de la place et des ouvrages nouveaux que nous avions fait exécuter depuis le mois de mars 1811, époque de sa reddition à l'armée française, jusqu'à la deuxième apparition des Anglais en mars 1812, afin que l'on puisse apprécier quels en étaient l'état et la force.

Badajoz, capitale de l'Estremadure, est situé sur la rive gauche de la Guadiana, au confluent de la Gevora, au milieu d'une contrée fertile : sa population avant la guerre, était d'environ 16 mille habitans. Ses fortifications forment une enceinte de neuf bastions, sans y comprendre le front qui borde la rivière, dont le tracé irrégulier paraît avoir seulement pour but de lier le bastion n.° 1 avec le château, qui tient lieu de citadelle, et s'appuie au bastion n.° 9. Toute cette enceinte est soutenue par un bon revêtement en maçonnerie, dont la hauteur, variée de 6 à 14 mètres, est enveloppée par un chemin couvert, avec une contrescarpe également revêtue, sur une hauteur de 1^{m}, 60^{c} à 2^{m}, 00^{c}, excepté en avant de la courtine 8 et 9, et du bastion n.° 9; où l'on ne trouve ni fossé ni contrescarpe, mais un simple chemin couvert, dont le glacis est à peu près au sixième de pente.

Les ouvrages extérieurs sur la rive droite sont : le fort San Cristoval, la tête de pont, et la lunette Verlé, cotée 36, qui avait été construite peu de temps avant le siége : ces ouvrages communiquent avec la place, au moyen d'un pont de construction romaine, et au besoin par un bac qu'on peut établir à volonté entre le château et le fort San Cristoval. Ceux de la rive gauche consistent en une couronne désignée sous le nom de fort Pardaleras, en avant des fronts 4 et 5; la lunette Picurina, cotée 13, en avant du bastion n.° 7; et la lunette San Roc, cotée 14, destinée à couvrir la communication de la porte de la Trinidad.

Comme l'ennemi avait dirigé tous ses efforts, en 1811, contre le fort San Cristoval et le château, le duc de Dalmatie voulut que cette partie de la place fût renforcée : il ordonna la construction de la lunette cotée 36, sur l'emplacement que les Anglais avaient occupé pour établir leur batterie de brèche contre ce fort, afin d'en retarder les approches. Les fossés de cette lunette, de 4m, 50c de profondeur au dessous de la berme, furent creusés à pic dans le roc, à l'aide de pétards. Un magasin à poudre et un logement blindé à l'épreuve pour 50 hommes, furent construits dans une traverse placée en capitale; et la gorge, fermée par un bon mur crénelé, mettait cet ouvrage à l'abri d'une attaque de vive force; quoiqu'il fût un peu éloigné du fort San Cristoval, mais d'ailleurs bien défilé du mamelon d'Atalaya, et dominant très bien sur tout le reste de ses environs : l'artillerie l'avait armé de pièces et des projectiles nécessaires. Enfin on mit tant d'activité dans la construction de cette lunette, que l'on regardait comme très importante, qu'elle se trouva achevée avant la fin de septembre : ensuite elle reçut, d'après les ordres du général en chef, la dénomination de lunette Verlé, en mémoire du général de ce nom, mort glorieusement à la bataille d'Albuhera.

Les deux brèches faites par les Anglais à San Cristoval avaient été rétablies, les fossés de ce fort creusés dans le roc pour les rendre plus profonds, les contrescarpes relevées en maçonnerie, et les glacis exhaussés de manière à cacher les escarpes, qui étaient vues précédemment jusqu'à leur pied. Après ce travail, les escarpes se trouvaient tellement dérobées aux vues du dehors, que pour faire brèche à leurs revêtemens il eût fallu établir les batteries dans le terre-plain du chemin couvert. Des approvisionnemens de matériaux avaient été faits dans l'intérieur, pour construire un magasin à poudre, une citerne, et une caserne voûtée à l'épreuve.

La tête de pont, qui avait beaucoup souffert pendant la dernière défense, fut réparée, ainsi que la communication avec le fort San Cristoval. Les travaux de ces points essentiels furent conduits sans interruption, et avec une telle activité, que lorsque l'ennemi parut ils avaient déjà atteint le degré de perfection convenable à leur but principal. Enfin ces ouvrages, dont on devait l'exécution au duc de Dalmatie, mettaient cette partie de la place sur la rive droite de la Guadiana, dans un état de défense respectable. Mais il nous restait encore beaucoup à faire pour obtenir le même résultat sur l'autre rive, de manière à établir partout un juste équilibre de forces.

La couronne de Pardaleras, qui n'était plus qu'un amas de décombres quand l'armée française prit possession de Badajoz, avait été relevée de ses ruines ; la gorge fermée par un bon mur crénelé ; les fossés approfondis ; la branche, le demi-bastion, et la courtine de droite, rehaussés pour voir à revers les approches contre les fronts 1, 2 et 3, entre ce fort et le fleuve de la Guadiana ; le magasin à poudre et un logement à l'épreuve pour le commandant et pour la garnison, reconstruits sur leurs anciennes fondations ; le chemin couvert réparé et palissadé à neuf ; et la communication en caponnière, refaite sur un nouveau tracé, avait rendu à cet ouvrage toute la force et toute la consistance qu'on pouvait désirer, eu égard au temps qu'on y avait employé, et aux dépenses qu'on y avait faites. La brèche ouverte par les Français en 1811, à la courtine des bastions 3 et 4, fut aussi réparée, et les ouvrages d'attaque du premier siége rasés.

La demi-lune des bastions 2 et 3, ébauchée anciennement par les Espagnols, avait été massée à la fin de 1811 : on termina ses revêtemens, les remblais de terre furent exécutés en entier. L'artillerie avait pourvu à l'armement de cet ouvrage, qui augmentait beaucoup la force de cette partie de la place. Les demi-lunes des bastions 1, 2, 3 et 4, furent entreprises dans le mois de février 1812, lorsque les bruits d'un nouveau siége commençaient à circuler. Les troupes de la garnison, qui étaient pour ainsi dire les seuls travailleurs sur lesquels on pût compter, redoublèrent d'ardeur; et, en peu de temps, le revêtement en maçonnerie de la demi-lune des bastions 1 et 2, fut élevé à 1^{m}, 60^{c} au dessus des fondations. Le massif en terre commandait déjà d'un mètre les glacis du chemin couvert. La demi-lune des bastions 3 et 4, entièrement construite en terre, à défaut d'autres matériaux, commençait aussi à présenter du relief au dessus de son glacis : elle aurait pu, de même que les deux autres, être mise en état de défense dès les premiers jours du siége, si l'ennemi eût dirigé ses attaques sur ce point. Ces travaux furent exécutés sous la surveillance particulière du capitaine du génie Lefaivre, qui y déploya toutes les connaissances de l'art, et apporta dans leur exécution l'activité la plus soutenue. Une cunette de 2m, 00c de profondeur sur autant de largeur fut commencée dans le fossé du corps de place, depuis le bastion n.° 1 jusqu'au bastion n.° 3. Malgré tous ces travaux, les bastions 1, 2 et 3 (*), se trouvaient encore les plus faibles de la place ; et comme il y avait lieu de présumer qu'ils seraient choisis de préférence pour point d'attaque, nous préparâmes sur leurs fronts tous les moyens de défense que le temps et nos ressources nous offraient. Ainsi nous fîmes percer des galeries et des rameaux de mines défensives, cotées G, à chaque arrondissement de contrescarpe, pour porter au besoin des fourneaux sous les emplacemens des batteries de brèche, et pratiquer ensuite des puits et d'autres fourneaux de mines dans les terre-plains de ces bastions; pour se ménager les moyens de faire sauter les ouvrages à mesure que l'ennemi les occuperait, et ne laisser qu'un amas informe de ruines, s'il parvenait à se rendre maître de la place, après que la garnison se serait retirée dans le château. Cette résolution, comme on le verra par la suite, ne manqua que par le dénuement absolu de poudre qu'on éprouva vers la fin du siége.

En avant des fronts 7, 8 et 9, nous fîmes construire deux batardeaux éclusés en maçonnerie, l'un dans le fossé de la face gauche de la lunette San Roc, cotée 14, l'autre au pont du ruisseau de la Rivillas, à la gorge de cette lunette, pour former l'inondation A, et forcer les assiégeans à se porter sur des points bien défendus.

L'artillerie de son côté s'était occupée de rétablir l'armement général de la place, et dirigeait tous les travaux relatifs à cet objet, tels que la construction des traverses contre les enfilades, ouver-

(*) Le front de ces bastions est le véritable point d'attaque: les Français en 1811 ne purent diriger la leur sur ce point, parce qu'ils n'occupaient pas la rive droite de la Guadiana au commencement des opérations du siége.

tures d'embrasures nouvelles, etc.; et, de concert avec le génie, elle avait préparé dans ses ateliers tous les moyens destructifs dont on se servit pendant la durée du siége et au moment des assauts.

Le château avait été fermé avec soin. On y avait établi des magasins de vivres et de munitions, et notre seul magasin à poudre s'y trouvait : on avait entièrement réparé la brèche qui y avait été faite par les Anglais à l'époque de la première défense : les anciennes batteries étaient rétablies, et l'artillerie en avait construit de nouvelles : des mineurs avaient été attachés au rocher sur lequel sont élevés les murs d'enceinte de la partie extérieure, pour en augmenter l'escarpement : ces murs, de 6 à 14 mètres de hauteur, appuyés sur un rocher élevé de plus de 20 mètres au dessus du niveau des eaux du ruisseau de la Rivillas, qui en baignent la base, donnaient à cet ouvrage toute la force d'une citadelle; et l'on pouvait sans contredit le regarder comme le point le plus sûr, et le meilleur refuge pour les débris d'une brave garnison, résolue de ne se rendre qu'à la dernière extrémité.

Les casernes avaient été réparées et augmentées, ainsi que l'hôpital militaire. Des blindages restaient à faire; mais la ville se trouvait dépourvue de toute espèce d'approvisionnement de matériaux, la forêt qui fournissait les bois nécessaires aux différens travaux était éloignée de trois lieues, et les moyens de transport manquaient absolument. Nos constructions en maçonnerie ne nous offraient pas de moindres difficultés : la nécessité de faire extraire la pierre des carrières pour faire la chaux, ne nous permettait pas d'en avoir en approvisionnement une quantité suffisante pour les besoins : enfin, pour faire du charbon, on était réduit à déterrer les racines des oliviers qui avaient été brûlés pendant les siéges précédens. D'après ce dénuement total de moyens de construction, on peut juger des obstacles qu'on eut à vaincre, et des ressources qu'il fallait créer, pour amener le système de défense à l'état le moins défavorable; mais on ne réussit pas toujours à lutter avec succès contre les désavantages des circonstances et des localités. Il n'était pas moins important de songer à rétablir le palissadement des chemins couverts, qui avait été presque entièrement détruit par les siéges de 1811; mais les bois propres à ce service étaient très éloignés; et, comme nous l'avons déjà dit, on manquait entièrement de bras et de moyens de transport. Cependant nous adressâmes une demande à ce sujet au général Lery, qui prescrivit des mesures dont l'exécution fut confiée au chef de bataillon du génie Truilhier, employé alors à Mérida, près du comte d'Erlon; mais elles furent trop tardives, et la place ne put être palissadée: circonstance dont les effets furent bien désastreux, puisqu'ils facilitèrent l'escalade.

On avait fait d'avance la répartition des troupes, et assigné à chaque corps les ouvrages qu'il devait occuper. Cette distribution prouvait qu'en raison du développement du corps de place, et des ouvrages extérieurs à garder, la garnison, composée tout au plus de 4 mille combattans, quoique les états de situation présentassent environ 5 mille hommes (*), n'était pas assez forte pour assurer une bonne défense, surtout dans l'hypothèse d'une attaque générale. Mais les difficultés qu'offrait l'approvisionnement d'une garnison plus nombreuse, avaient été sans doute un obstacle à son augmentation.

La faiblesse de la garnison, l'imperfection des fortifications, et la force numérique de l'armée assiégeante, étaient telles que si lord Wellington avait tenté une attaque de vive force dès les premiers jours de l'investissement, il eût pu espérer le même succès qu'il obtint vingt-un jours plus tard, après avoir éprouvé des fatigues et des pertes qu'il aurait peut-être épargnées à son armée.

En 1811, les Anglais avaient brûlé les maisons environnantes et les moissons sur pied. Les paysans effrayés avaient pris la fuite, et les terres étaient demeurées incultes. Le gouverneur donna des ordres pour les faire labourer par les bœufs destinés à l'approvisionnement de siége : elles furent ensemencées par nos soldats

(*) Il existait 600 hommes à l'hôpital. La garnison se composait des 4.mes bataillons, la plupart de conscrits.

dans un rayon de 3000 mètres : les jardins abandonnés furent distribués aux corps et aux officiers de l'état-major : ressource précieuse, qu'une sage prévoyance sut ménager contre l'interruption presque certaine des communications avec le dehors. Enfin aucun des moyens qu'on pouvait employer pour mettre la garnison en état de se suffire à elle-même, ne fût négligé. Néanmoins, peu de jours avant l'investissement, le chef de bataillon du génie Truilhier arriva avec le capitaine Meynhart, le lieutenant Vallon, 50 sapeurs, un détachement du 64.me régiment, un détachement de 25 chasseurs du 21.me régiment, commandé par le lieutenant Raulet, et un convoi de 50 à 60 mulets chargés de farine. Il existait alors des vivres en magasin pour 30 à 40 jours seulement : les bourgeois étaient encore moins approvisionnés. Tel était l'état des choses lorsque l'ennemi parut. Passons aux opérations du siége.

Le 16 mars, vers neuf heures du matin, le guet de la tour du château signala l'armée Anglaise sur la route d'Elvas. Le général Veiland se porta aussitôt en avant pour la reconnaître, avec 170 hommes d'infanterie et 25 chevaux. A midi, environ 3 mille hommes étaient déjà campés à deux lieues de la ville, près de la Caya, sur la rive droite de la Guadiana. Immédiatement après on vit défiler sur la rive gauche du fleuve, à une grande portée de canon de la place, une colonne d'environ quinze mille hommes d'infanterie, avec de l'artillerie de campagne : elle traversa la route d'Olivença, passa derrière el Cero del Viento, s'étendit jusqu'à la route d'Albuhera, et s'arrêta pour prendre position et commencer l'investissement. Le général Veiland rentra à deux heures. Dès lors toute communication avec l'armée française fut interceptée; mais les troupes de l'aile droite de celle du midi, qui étaient à Santa Marta et Almendralejo, dûrent connaître le mouvement de l'ennemi, par la retraite qu'elles furent obligées de faire. Investissement.

Les siéges précédens avaient obligé beaucoup de familles aisées à quitter la place, pour se soustraire aux dangers et à la famine qui les menaçaient; la nouvelle apparition des Anglais obligea encore un grand nombre d'individus de toutes les classes, de se résoudre à s'éloigner. On vit alors des vieillards, des femmes et des enfans, chargés d'effets, fuir par toutes les routes : tous quittaient leurs habitations en versant des larmes, et jetaient en s'éloignant quelques regards sur leur malheureuse ville, qu'ils voyaient pour la troisième fois livrée à toutes les calamités inséparables de la guerre. Elle ne resta peuplée que de 4 à 5 mille âmes seulement, parmi lesquelles se trouvaient une foule d'indigens, qui, malgré le triste aspect que leur offrait l'avenir, ne purent se déterminer à quitter leurs demeures.

Le 17, dès l'aube du jour, la place se trouva investie de tous côtés. L'artillerie ennemie passa sur un pont de bateaux, établi sur la Guadiana, à deux lieues au dessous de Badajoz : il y eut ce jour-là plusieurs reconnaissances faites par des officiers du génie Anglais. Les travaux de défense prirent une nouvelle vigueur. L'inondation de la Rivillas, que nous avions tendue pour la première fois pendant les défenses de 1811, fut portée à sa plus grande élévation. On renforça les postes extérieurs : en cas d'alerte les troupes du génie devaient se placer dans toutes les batteries, pour seconder les canonniers. Les bataillons étaient disposés ainsi qu'il suit; savoir : celui du 9.me léger aux bastions 1 et 2; celui du 28.me aux bastions 3 et 4; celui du 58.me de ligne au bastion 5; et celui du 103.me aux bastions 6 et 7; le régiment étranger de *Hesse Armstadt* aux bastions 8 et 9, et au château (*); le détachement des troupes Espagnoles au service du roi Joseph, était placé à la porte de las Palmas, avec les corps administratifs armés; le 88.me et la cavalerie restèrent en réserve sur la place d'Armes dite San Juan. Le gouverneur mit à la disposition de l'artillerie, dont le personnel était insuffisant, le détachement du 64.me et 50 sapeurs : il fit choisir les meilleurs tireurs dans chaque bataillon, pour en former une compagnie qui fut destinée à inquiéter

(*) Ce régiment étranger était placé suivant son rang de bataille, et dans les postes que l'on regardait comme les moins exposés aux attaques de vive force.

l'ennemi dans ses travaux, par un feu continuel sur la tête des sapes. Cette compagnie, organisée par le général Veiland, avait pour chefs les lieutenans Michel, du 9.me d'infanterie légère, et Leclerc de Ruffey, du 58.me de ligne, tous deux officiers très braves et très intelligens. Le gouverneur nomma des commandans pour les forts ; le colonel Pineau eut le commandement de Pardaleras ; le colonel Gaspard Thierry, celui de Picurina ; le colonel des Hessois Koller, celui du château ; le capitaine des grenadiers du 103.me Vilain fut chargé de San Cristoval.

Ouverture de la tranchée.

Le soir l'ennemi, à la faveur d'un rideau, ouvrit une parallèle vers la hauteur de San Miguel, à 300 mètres environ de la lunette Picurina, cotée 13 (*). Cette parallèle, malgré le feu de l'artillerie, fut continuée pendant la journée du 18, et prolongée avec une extrême rapidité du côté de la route de Talavera : il fit en même temps des boyaux de communication en arrière de sa parallèle, et commença, à la hauteur que nous venons d'indiquer, les batteries cotées 1 et 2, contre Picurina (**).

Ces premières approches furent poussées avec une hardiesse et une opiniâtreté qui dûrent lui faire éprouver de grandes pertes. Comme elles nous paraissaient ne permettre aucun doute sur le choix du point d'attaque, nous fîmes abandonner les travaux de défense de la rive droite : dès lors notre attention se porta particulièrement sur la lunette Picurina et sur les fronts 7, 8 et 9. Cette lunette n'était pas entièrement achevée ; son escarpe n'avait que 4 à 5 mètres, taillée dans une terre très dure ; les fossés étaient sans contrescarpe revêtue ; un chemin couvert palissadé, en assez bon état, régnait tout autour ; la gorge n'était fermée que par un rang de palissades. Nous fîmes creuser les

(*) Des postes avancés avaient été établis en avant des chemins couverts. L'officier qui commandait celui placé devant Picurina, se retira à l'approche de l'ennemi, sans s'opposer à l'ouverture de la parallèle, et même sans en rendre compte de suite au gouverneur : ce qui facilita beaucoup les approches. Par cette grande faute les assiégeans gagnèrent au moins une nuit de travail.

(**) La batterie cotée 1 fut armée de 3 pièces de 24 ; celle cotée 2, de 3 pièces de 18 et de 3 gros mortiers : elles avaient pour but de ruiner la lunette et d'enfiler sa communication avec la place.

fossés pour augmenter la hauteur de l'escarpe, et fortifier cette gorge par un second rang de palissades, avec un fossé en avant. Au saillant on creusa dans le roc une contrescarpe; et on établit sous le terre-plain du chemin couvert, perpendiculairement aux faces de la lunette, six petites galeries fermées se communiquant entre elles, et donnant des feux de revers pour flanquer les fossés, qui n'étaient vus d'aucun point. On plaça aussi des fougasses aux trois angles du glacis; et on disposa sur les parapets des bombes chargées et des barils foudroyans, qui avaient été préparés par l'artillerie, pour les lancer contre les assaillans au moment d'un assaut. Enfin deux cents fusils chargés étaient rangés contre les crêtes intérieures des parapets, pour que chaque homme eût plusieurs armes de rechange.

Le 19, l'ennemi avait coupé la route de Talavera, et poussé sa parallèle à 200 mètres environ du saillant de la lunette San Roc, cotée 14: ce travail présentait le flanc à nos ouvrages.

Première sortie. Le gouverneur voulant retarder la marche rapide des assiégeans, et augmenter les pertes que ses attaques devaient nécessairement lui faire éprouver, ordonna une sortie. Deux bataillons, chacun de 500 hommes, commandés par les chefs de bataillon Barbot et Perrez, ayant en tête cent hommes des troupes du génie, commandés par le capitaine de mineurs C. J. Lenoir, 40 chevaux, et une pièce de canon, sortirent de la place à midi, par la porte de la Trinidad, sous les ordres du général Veiland. Ces troupes débouchèrent à gauche de la lunette San Roc, marchèrent en colonne, se formèrent en ligne, et se portèrent rapidement sur la parallèle, où elles firent un changement de direction à droite, pour l'enfiler ainsi que le terrain en arrière. A peine furent-elles déployées, que l'ennemi abandonna ses ouvrages avec précipitation jusqu'à la hauteur de San Miguel. La cavalerie, commandée par le lieutenant Lavigne, du 26.me de dragons, tourna la parallèle au galop, et chargea vigoureusement les fuyards jusque dans leurs bivouacs, tandis qu'un détachement de cent hommes sortait de Picurina, et attaquait la gauche. Nos sapeurs détruisirent une grande partie de la parallèle, et y prirent 545 outils. Ce résultat était au dessus de ce qu'on pouvait attendre d'une poignée de combattans : l'affaire dura près d'une heure. Cependant les Anglais se rallièrent et reprirent l'offensive : bientôt ce faible détachement de la garnison eut toute l'armée assiégeante à combattre. Comme le but qu'on s'était proposé était à peu près rempli, le général Veiland ordonna la retraite, qui s'exécuta dans le meilleur ordre. Notre perte dans cette affaire fut de 20 soldats tués et de 147 blessés : 13 officiers aussi furent blessés. Le chef de bataillon Perrez, du 28.me, officier de beaucoup de mérite, mourut des suites d'une blessure qu'il avait reçue au pied. Le lieutenant Saint-Vincent, aide-de-camp du général, eut son cheval tué. L'ennemi nous parut avoir plus de 300 hommes hors de combat. Notre petit détachement de cavalerie fit quelques prisonniers.

Le 20 au matin, l'ennemi était parvenu, par ses travaux de nuit, à réparer à peu près tout le mal qu'on lui avait fait par la sortie de la veille ; et il avait même prolongé, avec une extrême célérité, sa parallèle vers la rive gauche de la Guadiana, à 500 mètres environ du château. Ces travaux présentaient un grand développement : plus de mille travailleurs paraissaient y être employés ; mais n'ayant pu achever de se couvrir avant le jour, ils eurent beaucoup à souffrir du feu de nos batteries. Les travaux de défense se continuèrent jour et nuit sans interruption.

Le 21 au matin, les assiégeans montrèrent trois batteries nouvelles cotées 3, 4 et 5 (*), en face du front 7, 8 et 9. La gauche de la parallèle s'appuyait au ruisseau de la Rivillas. Le feu commença dès le point du jour avec une ardeur qui dut faire éprouver de très grandes pertes aux assiégeans. L'établissement des batteries dirigées contre le front 8 et 9, semblait indiquer qu'ils avaient reconnu les défauts de la place. Celui-ci est en effet un

(*) La batterie cotée 3 fut armée de 6 pièces de 24, et enfilait le prolongement de la face droite du bastion n.° 7. Celle cotée 4 le fut de 4 pièces de 18, contre le bastion n.° 8 ; et celle cotée 5, de 5 autres pièces de 24.

des point les plus faibles, n'ayant qu'une mauvaise escarpe en maçonnerie, dont le pied est découvert de la campagne à plus de 800 mètres, et une simple courtine dépourvue de parapet, de fossé et de contrescarpe, derrière laquelle il était impossible d'ajouter un retranchement. Le choix de ce front comme point d'attaque, ne pouvait que faire naître de vives inquiétudes ; mais l'ennemi ne s'aperçut pas des avantages qu'il pouvait en tirer : il dirigea tous ses efforts, ainsi qu'on le verra par la suite, sur l'un des points qui devait lui offrir le plus de résistance, et qui l'aurait infailliblement arrêté plus longtemps, si la garnison eût été plus forte, et les magasins approvisionnés de mille bombes et de 50 milliers de poudre de plus. Nous fîmes élever, en avant de cette faible courtine, un petit retranchement sur le terrain coté B, qui avait été massé autrefois par les Espagnols, pour construire une demi-lune, dans le dessein de couvrir la courtine. Nous fîmes aussi entreprendre une communication pour aller de la porte de la Trinidad à la lunette San Roc (*), qui, par sa position en avant, pouvait prendre des revers sur les attaques. On continua de renforcer le barrage du pont et celui du batardeau de cette même lunette, afin de soutenir l'inondation, que les assiégeans paraissaient avoir l'intention de détruire. Enfin le château, qui, par son tracé irrégulier, présentait plusieurs points saillans, reçut encore de nouvelles plate-formes et des embrasures, pour placer d'autres pièces de 24, qui devaient prendre d'écharpe les batteries massées en avant des tranchées.

Les 22, 23 et 24, l'ennemi continua à perfectionner ses ouvrages, et éleva encore une nouvelle batterie, cotée 6, contre Picurina (**). Les travaux de défense furent continués avec 800 travailleurs pris dans la garnison.

(*) Cette communication fut faite partie en terre, partie en toile. Son extrême étendue aurait exigé un travail très long pour la faire toute en terre. Pour abréger, nous fîmes tendre sur le bord du chemin de simples toiles en forme de rideaux élevés au moyen de perches. Nos troupes passaient derrière sans être vues, au grand étonnement des tirailleurs anglais.

(**) Cette batterie fut armée de 4 pièces de 18.

Le 25 au matin, le canon de la place redoubla son feu : à dix heures l'ennemi commença le sien avec 23 pièces de gros calibre. Il s'engagea alors une canonnade des plus vives, qui ne cessa qu'à la nuit. Les assiégeans dirigeaient principalement leur feu sur la courtine 8 et 9, les angles flanqués des deux bastions, la face gauche du bastion n.° 7, et les lunettes San Roc et Picurina. Celle-ci, dont le parapet n'avait que 4 mètres d'épaisseur, fut fortement dégradée au saillant ; on le rétablit le soir avec des ballots de laine et des fascines. Les galeries à feu de revers, dont nous avons parlé précédemment, étaient terminées ; les fougasses étaient placées, les augets préparés ; mais les troupes n'avaient pu être distribuées à leurs postes respectifs : deux heures de plus auraient mis ce petit ouvrage dans un état satisfaisant de défense. L'ennemi, averti par un déserteur espagnol, profita avec autant d'habileté que de bonheur du moment favorable : à dix heures du soir, 5 à 600 hommes, secondés par une obscurité profonde, assaillirent cette lunette, défendue par 200 hommes, tirés, contre notre opinion, des différens bataillons qui composaient la garnison (**). L'attaque dura environ trois quarts d'heure. L'ennemi emporta cet ouvrage d'assaut avec beaucoup de valeur : il monta au moyen d'échelles, par le saillant qui avait été ruiné. Environ 100 hommes de la garnison furent tués ou blessés, et 60 faits prisonniers : un officier et 30 hommes du régiment de Hesse se sauvèrent. Le gouverneur et le général Veiland témoignèrent hautement leur mécontentement sur la faible défense de cet ouvrage. Nous vîmes aussi avec regret qu'on n'avait pas fait usage des bombes chargées et des artifices que nous avions fait disposer sur les parapets et sur les glacis, dont l'effet fut si heureux aux deux assauts des brèches du fort San Cristoval en 1811, et que le sergent

(**) Nous citons cette particularité pour faire sentir combien il est important, dans une circonstance pareille, de réunir les officiers et les soldats d'un même régiment, d'un même bataillon, et d'une même compagnie : l'émulation qui existe entre eux, et la confiance qu'ils s'inspirent mutuellement, contribuent, aussi bien que l'habitude de la discipline, à prévenir les fautes et assurer le succès.

d'artillerie Brette, utilisa avec tant d'intelligence. Le capitaine Marcillac (*), qui commandait l'artillerie de cette lunette, fut blessé pendant la journée, et remplacé par un capitaine qui ne montra pas la même assurance. Il y a lieu de croire que les Anglais auraient été repoussés si ce premier officier se fût trouvé là. Pour secourir la lunette, on fit sortir trop tard de la place, et assez mal à propos, le bataillon du 103.me, commandé par le chef de bataillon Lurat : il essuya un feu très vif de Picurina, qui était déjà au pouvoir de l'ennemi, et des colonnes qui étaient postées près de la communication : il perdit plus de 20 hommes, et fut obligé de rentrer dans la place sans avoir obtenu aucun avantage. L'artillerie ne cessa, pendant toute la nuit, de faire feu sur Picurina, afin de gêner l'établissement qu'y faisait indubitablement l'ennemi. Quant à l'effet des batteries qu'il avait dirigées contre les bastions 7, 8 et 9, son but était totalement manqué : elles étaient prises d'écharpe par les pièces du demi-bastion 9, et par le château. Le fort San Cristoval enfilait presque la tranchée, et l'ennemi ne savait où donner de la tête (**). Ce résultat n'avait pu s'obtenir que par un feu très vif et soutenu, qui consomma, dans cette journée, beaucoup de projectiles creux et douze milliers de poudre, qui, joints à 64 autres milliers consommés depuis le commencement du siége, faisaient la moitié de l'approvisionnement primitif de la place. L'artillerie fut donc obligée de diminuer son feu, pour ménager ses munitions.

Les assiégeans ne pouvant plus tenir dans leurs batteries, et jugeant qu'on était en mesure d'arrêter leurs progrès de ce côté, abandonnèrent, le 26, leur premier plan d'attaque contre les bastions 8 et 9 : maîtres de la lunette Picurina, ils y achevèrent leur établissement, et firent des communications en arrière pour lier cette lunette à la parallèle. Les batteries entretinrent un feu

---

(*) Tué à Waterloo.

(**) On fit sortir de la place deux pièces de 12 alongées, qu'on plaça au point coté H, d'où elles firent un mal considérable aux assiégeans.

continuel toute la journée; mais il fut sans beaucoup d'effet, car il ne réussit pas à ralentir le nôtre. Le moment était favorable pour tenter une seconde sortie, tâcher de reprendre ce poste, et gagner du temps; mais on objecta que la garnison n'était pas assez forte pour l'exposer à ces sortes de chicanes. Nous ne pouvons nous empêcher de dire que ce moyen essentiel de défense fut trop négligé vers la fin du siége. Les batteries de la place dirigées sur le point d'attaque, tirèrent vivement; et le feu de mousquèterie fut aussi très animé. L'ennemi, presque à découvert, ne put cacher ses pertes, qui furent considérables. Cependant il commença trois batteries de brèches, cotées 7, 8 et 9, à la gorge de la lunette, dirigées contre le flanc gauche du bastion 6, dit Santa Maria, et contre la face droite du bastion 7, dit de la Trinidad. Jusqu'à ce moment, malgré toute la vigueur qu'il avait déployée dans ses attaques, il n'avait fait que tâtonner : on doit le présumer du moins, en le voyant abandonner les batteries qu'il avait d'abord élevées contre le front 8 et 9; et nous étions d'autant plus éloignés de croire qu'il songeait à attaquer les bastions 6 et 7, contre lesquels néanmoins il faisait dès le commencement des démonstrations, que nous les regardions, avec raison, comme les plus forts de la place. La prise de Picurina le détermina sans doute; et cet avantage eût servi à le faire échouer dans cette attaque comme dans la précédente, si l'on avait eu assez de munitions; car il eût été possible de diriger plus de 80 bouches à feu contre ce seul point, en lui opposant les batteries des bastions 5, 6, 7, 8 et 9, du château, de la lunette San Roc, et du fort Pardaleras.

Dans la nuit du 26 au 27, il avait poussé, à la sape volante, un boyau en zigzag en avant de sa parallèle, pour s'approcher de la lunette San Roc. Il fit également un mouvement sur la rive droite du fleuve, et s'approcha de la lunette Verlé, où il engagea une fusillade qui avait pour but de détourner l'attention, et de faciliter la construction d'une redoute carrée, cotée 11, sur la hauteur d'Atalayas, à 460 mètres environ de la lunette. L'établissement des batteries de brèches avançait toujours malgré notre feu.

Le 28, un renfort de plusieurs colonnes venant du côté d'Elvas, se montra sur la rive gauche et arriva dans les camps : on aperçut en même temps, sur l'autre rive, une ligne de contrevallation appuyée à la redoute carrée, dont l'objet était sans doute d'achever d'intercepter toute espèce de communication avec les dehors. Le boyau en zigzag vis-à-vis de la lunette San Roc, fut continué, à la sape, jusqu'à 40 mètres environ de la crête du chemin couvert de cet ouvrage. La place fit un feu continuel d'artillerie et de mousquèterie sur la tête de cette sape : l'ennemi y perdit tant de monde qu'il fut obligé de l'abandonner.

Le 29, le feu des assiégeans redoubla, et ils reprirent le travail de la sape ; mais il leur fut impossible, malgré leur opiniâtreté, de l'avancer de plus d'une ou deux toises pendant toute la matinée ; et ils furent forcés de l'abandonner de nouveau (*). Le soir ils continuèrent leur ligne de contrevallation de la rive droite, jusque sur un petit mamelon en face de la tête de pont. Ces travaux, dont la place était séparée par la Guadiana, n'étaient nulle-

---

(*) Nous ne devons pas omettre de rapporter un trait d'intelligence et de courage qui mérite d'être connu. Dans la nuit du 28 au 29, l'officier du génie anglais, de tranchée, avait tracé avec un cordeau blanc le boyau qu'il poussait sur la capitale du saillant de la lunette San Roc. Il paraît que cet officier oublia le matin de faire retirer le cordeau, où qu'il le laissa dans le dessein de diriger les travailleurs de la tête de sape. Mais comme le feu d'artillerie et de mousquèterie les obligea à suspendre le travail, ils laissèrent le cordeau, qui se distinguait très bien du haut des remparts : le général Veiland eut l'idée d'en faire changer la direction, et nous proposa de le faire mettre dans l'alignement d'une batterie du château. Cette idée était excellente, puisqu'en faisant commettre une faute aux sapeurs anglais, elle leur faisait perdre une nuit de travail, et les exposait à être écrasés le matin dans le boyau. La difficulté était de trouver le moyen de changer la direction du cordeau sans que les gardes de tranchée s'en aperçussent. Nous fîmes proposer ce hardi projet à des mineurs et à des sapeurs de la garnison : le caporal Stoll, de la 2.me compagnie du 2.me bataillon de mineurs, se présenta, et nous n'hésitâmes pas à le charger de cette opération. Comme nous comptions sur sa bravoure et sur son intelligence, nous le fîmes sortir à la nuit tombante, un instant avant l'arrivée des travailleurs ennemis. Il passa entre les palissades du chemin couvert de la lunette ; se glissa à plat ventre sur le terrain jusqu'au cordeau, arracha le piquet qui servait à le tendre au point L, et l'enfonça au point M dans l'alignement du château ; il rentra ensuite dans le chemin couvert, sans avoir été aperçu des gardes de tranchée, qui n'étaient pas à plus de 18 à 20 mètres du piquet. Les sapeurs anglais donnèrent dans le piège, et perdirent, comme on l'avait prévu, le fruit de leur travail de nuit. Le gouverneur fut très satisfait du caporal, et lui accorda une gratification de 200 francs, en lui promettant de le recommander après le siége.

ment inquiétans ; pourtant le gouverneur jugea à propos d'ordonner une sortie pour les détruire. Le chef de bataillon Billon, du 9.me léger, fut commandé avec 400 hommes : il se porta avec la rapidité de l'éclair jusque dans les lignes ; mais l'ennemi déploya toutes les forces qu'il avait sur cette rive, et l'obligea de rentrer sans avoir obtenu aucun résultat. Le lieutenant Duhamel, aide-de-camp, qui avait proposé cette sortie, et qui était à la tête du premier peloton, fut tué avec quelques voltigeurs : cet officier, qui était plein d'activité et de bravoure, fut très regretté. Deuxième sortie.

Le 30, dès que le jour parut, la première des trois batteries de brèche commença son feu contre le flanc gauche du bastion 6. Comme les points d'attaques étaient bien déterminés, tant par le feu de cette batterie que par la direction des deux autres qui se préparaient, nous fîmes entreprendre sur le champ, dans les bastions 6 et 7, des retranchemens tels qu'ils sont indiqués sur le plan de la place. Pendant cette opération, le chef de bataillon du génie Truilhier fut atteint à la tête d'un coup mortel. Cet officier supérieur s'était éminemment distingué à la défense d'Almeida, dont il avait fait sauter les fortifications : il avait sollicité près du comte d'Erlon l'honneur de participer à celle de Badajoz. Il fut victime de son zèle : sa mort excita les plus vifs regrets dans toute la garnison ; et le corps du génie eut à déplorer la perte d'un officier de la plus grande distinction.

Le 31, on continua avec activité les retranchemens intérieurs des bastions attaqués ; et, indépendamment de ces retranchemens, nous fîmes faire encore en arrière une seconde enceinte, en utilisant les murs de jardins et les maisons adjacentes, que l'on crénela de manière à forcer l'ennemi à multiplier les assauts. Les rues furent coupées par des traverses avec fossés. On s'occupa jusqu'au dernier moment à perfectionner les ouvrages. Il y avait lieu de présumer que l'ennemi ne parviendrait à surmonter ces obstacles qu'avec des pertes immenses. Dès la pointe du jour, les trois batteries de brèche, armées ensemble de 36 pièces de gros calibre, avaient commencé le feu le plus vigoureux contre la face droite du bastion 7, et contre le flanc du bastion 6; tandis que les autres batteries lançaient des obus, des boulets creux chargés d'artifices, et ricochaient nos ouvrages. L'artillerie de la place riposta avec vigueur : on tira de part et d'autre, pendant cette journée, plus de 5 mille coups de canon, sans compter le feu de mousquèterie, qui se continua bien avant dans la nuit avec le plus grand acharnèment. L'ennemi eut plusieurs pièces démontées; quelques magasins à poudre de ses batteries sautèrent par l'effet de nos bombes; et notre artillerie, malgré son infériorité, parvint encore à ralentir le feu des assiégeans. Le soir il y eut au pied des murailles beaucoup de décombres, que des détachemens de travailleurs, dirigés par des officiers de sapeurs, allèrent déblayer. Nos braves troupes exécutèrent toujours ces travaux avec le plus grand courage, restant des quatre et cinq heures exposées à la mitraille et aux projectiles de toute espèce que l'ennemi lançait sur ce point. La ville souffrit aussi beaucoup : la désolation était générale chez les habitans; la plupart, frappés de terreur, se réfugièrent dans les caves et dans les églises, qu'ils croyaient à l'épreuve, et trouvèrent la mort sous ces frêles abris. La garnison n'avait aucune espèce de casemates, ni même le moindre blindage; néanmoins nos pertes en tués et blessés, depuis le 16 mars jusqu'à ce jour, ne s'élevaient encore qu'à 700 hommes.

Pendant la nuit du 31, l'ennemi détruisit un petit batardeau en terre, que nous avions fait construire sous le château, au moulin ruiné coté N, pour retenir les eaux et prolonger l'inondation de la Rivillas.

Le 1.er avril, les assiégeans continuèrent leur feu comme la veille, contre le bastion 7. Le parapet de la face droite de ce bastion, ainsi que celui du flanc gauche du bastion 6, étaient presque entièrement détruits (*). On s'était porté en arrière pour en élever de nouveaux sur les terre-plains, au moyen de sacs à terre et de ballots de laine ou de coton, qui étaient remplacés à mesure que

(*) Dans le système de cette fortification, la chûte du revêtement entraînait nécessairement la totalité du parapet.

les bordées de canon les enlevaient ; mais il n'était plus possible de répondre au feu des assaillans avec la même vivacité qu'auparavant : la poudre commençait à manquer, malgré tout le soin que l'artillerie avait pris de la ménager, ce qui devait faire présumer à l'ennemi que ses batteries avaient fait taire les nôtres. On fut encore forcé d'en réduire la consommation, et de la fixer à 6 milliers par jour : cette mesure ne pouvait cependant prolonger la défense plus loin qu'au 9 avril. On manquait aussi de projectiles creux et de mitraille. Nous devons dire ici que, malgré cet état de dénuement, que l'on ne pouvait dérober à la connaissance des troupes, et qui devait leur faire présager la perte de Badajoz avant qu'il fût possible d'y porter des secours, la garnison ne donna jamais le moindre signe d'inquiétude ni de découragement : on la vit au contraire redoubler de zèle et d'ardeur à mesure que le danger augmentait. L'enthousiasme était tel, que le moindre soldat se serait indigné à la seule pensée de capituler avant d'avoir repoussé plusieurs assauts ; et le gouverneur ne négligeait rien de ce qui pouvait soutenir ces bonnes dispositions. Tandis qu'une moitié combattait sur les remparts, l'autre était aux travaux de défense ; et nous affirmons qu'il n'y eut peut-être jamais de circonstance à la guerre où les troupes françaises aient donné des preuves d'un plus noble dévouement.

L'ennemi continua ses attaques le 2, avec la même vigueur. Pendant la nuit il essaya de rompre le batardeau de la lunette San Roc, pour saigner l'inondation de la Rivillas ; mais il fut chassé par la garde de cette lunette, commandée par le capitaine Saintourens, du 58.me

Le 3, une quatrième batterie, cotée 10, de 4 pièces de gros calibre, dirigée contre le bastion 7, pour ricocher la face battue en brèche, et empêcher les travailleurs de s'y maintenir, commença son feu. On comptait alors 40 pièces de 18 et de 24 qui tiraient sans interruption. Comme nous l'avons déjà dit, les batteries de la place ne pouvaient plus répondre que faiblement : on tâcha de suppléer à l'épuisement des munitions, en plaçant les meilleurs tireurs dans les chemins couverts et dans les trous de loup qui avaient été pratiqués en avant, pour pointer dans les embrâsures: ils tuèrent un grand nombre de canonniers. Cependant les batteries ennemies faisaient de grands ravages : la mort volait sur tous les points de la ville; ses remparts s'éboulaient, et les brèches commençaient à devenir praticables : les efforts que faisaient toutes les nuits les travailleurs pour les déblayer, devenaient insuffisans. Dans cet état de choses, on assembla le conseil de défense, pour y arrêter les dernières dispositions. 700 Hommes, pris dans les corps de l'artillerie et du génie, et dans les grenadiers et voltigeurs, furent désignés pour occuper le poste important et périlleux des brèches : le gouverneur en donna le commandement au chef de bataillon Barbot, du 88.me, et au chef de bataillon Maistre, du régiment de Hesse. Ces officiers montrèrent, pendant toute la durée du siége, une intelligence et une bravoure dignes des plus grands éloges. Le chef de bataillon Lurat, du 103.me, eut ensuite le commandement d'un bataillon mis en réserve dans les retranchemens derrière les brèches. Les travaux de défense se multipliaient en raison des progrès des assiégeans; et il n'est pas besoin de dire qu'ils accablaient de fatigues la garnison, assez occupée d'ailleurs. Toutefois son zèle ne se ralentit pas : 600 travailleurs étaient employés jour et nuit à perfectionner les retranchemens derrière les brèches : 200 étaient occupés à déblayer les décombres ; 100 à détruire les rampes des chemins couverts ; 100 au château qui domine la ville, et que l'on pouvait regarder comme le point le plus sûr pour servir de retraite. Enfin le gouverneur et le général Veiland étaient partout pour encourager les travailleurs. Le gouverneur fut légèrement blessé à l'épaule, aux travaux des brèches : le général Veiland et ses deux aides-de-camp, y reçurent aussi plusieurs coups de mitraille dans leurs habits.

Le 4, on continua les préparatifs pour soutenir l'assaut : l'artillerie avait disposé ses troupes avec des pièces chargées à mitraille à tous les flancs des bastions. Vers les dix heures du matin, une forte colonne d'infanterie ennemie arriva par la route d'Elvas, sur la rive gauche, et se plaça sur celle d'Albuhera. On vit de plus arriver dans les camps, une longue suite de chariots chargés d'échelles, et tous les préparatifs qui annonçaient un assaut très prochain.

Le 5, les brèches étaient rendues praticables au point qu'il eût été facile de faire passer un escadron de cavalerie à chacune d'elles. Il n'était plus possible de les déblayer, tant les décombres amoncelées étaient considérables : l'ennemi tirait sans discontinuer sur ce travail, et nous faisait perdre beaucoup de monde. Dans ce moment critique la garnison montra à quel point on peut élever la force morale du soldat français au dessus des plus grands dangers. Tout le revêtement de la face droite du bastion 7, et celui du flanc gauche du bastion 6, étaient renversés; mais, soit par impéritie, soit par d'autres causes qu'il est difficile de comprendre, les assiégeans négligèrent de détruire les contrescarpes, dont la chûte aurait pu faciliter la descente des fossés. Nous profitâmes de cette faute, pour faire rassembler au pied de ces contrescarpes, et derrière les brèches, tous les obstacles que la nécessité et l'industrie peuvent mettre en usage. On disposa, sur tous les points accessibles, des chevaux de frise (dont une grande partie était faite avec des lames de sabres de cavalerie) : des fascines, des sacs à terre, et des ballots de laine, remplaçaient les parapets éboulés : on utilisa aussi toutes les machines à l'usage de l'artillerie, telles que les haquets, bateaux (*), cordages, bombes, et barils foudroyans (**): enfin des soldats d'élite, munis chacun de trois fusils, attendaient le moment de l'assaut. L'appareil de défense et la contenance ferme et décidée de la garnison, en im-

(*) Le lieutenant Leclerc de Ruffey, du 58.me de ligne, proposa de faire placer un grand bateau dans le fossé au saillant du bastion 7, dans le prolongement de la face gauche de ce bastion, et de le remplir de soldats pour flanquer la face droite battue en brèche. Cette idée fut goûtée avec empressement : nous fîmes placer ce bateau, qui présenta de grands avantages pour la défense de la brèche.

(**) Le chef de bataillon d'artillerie l'Espagnol, avait fait faire des barils foudroyans avec de grands tonneaux farcis de paille goudronnée, de poudre et de grenades chargées, et les avait fait disposer sur les brèches avec un certain nombre de grosses bombes.

posèrent à l'ennemi, qui jugea nécessaire, pour mieux assurer le succès de son entreprise, de faire une troisième brèche au corps de place.

Le 6, dès la pointe du jour, il dirigea toutes ses batteries contre la courtine des deux bastions battus, et en fit tomber la moitié dans douze heures de feu. A la chûte du jour, nous fîmes faire à cette troisième brèche, malgré un feu épouvantable de mitraille, les mêmes travaux qu'aux deux autres. Le chef de bataillon Lurat y plaça encore une compagnie de grenadiers Hessois, qu'on avait tirée du château. Cette journée fut la plus meurtrière : on se battit avec le plus grand acharnement. A chaque instant notre position devenait plus critique et plus alarmante; et, suivant un système trop souvent adopté, on eût pu capituler. Lord Wellington connaissait la situation de la place, et voulait obliger la garnison de se rendre à discrétion : il ne somma point le gouverneur, ainsi que l'exigent l'usage et les lois de la guerre, chez les nations civilisées, et n'offrit aucune condition. Quoique le général Philippon fût peut-être bien persuadé qu'une plus longue résistance ne sauverait pas la garnison de l'affreux avenir qui lui était réservé (*); et qu'après des efforts infructueux, manquant de munitions, et accablée par le nombre, elle succomberait avant qu'elle ne pût être secourue; il n'en demeura pas moins résolu à tout sacrifier plutôt que de demander à capituler. Il renouvela donc l'ordre de prolonger la défense par tous les obstacles que la bravoure et l'art peuvent opposer; de résister partout avec vigueur, et de manière à faire payer à l'ennemi, du sang de ses meilleurs soldats, la prise d'une place qui paraissait ne plus pouvoir lui échapper : résolution héroïque, et qui méritait d'être couronnée d'un meilleur succès!

Enfin tout était prêt pour soutenir l'assaut : il restait encore environ 3000 combattans bien déterminés : l'amour de la patrie et

---

(*) Le monde entier connaît la barbarie avec laquelle les Anglais traitaient leurs prisonniers. La France n'oubliera jamais les tourmens que ses soldats ont éprouvés sur les pontons.

le profond sentiment d'une haine nationale ajoutaient au désir d'en venir à une action décisive.

A neuf heures et demie du soir, une nombreuse artillerie lança de toutes parts une grêle de projectiles (*). En même temps une vive fusillade s'engagea à la lunette San Roc : les assiégeans l'attaquaient, ainsi que la courtine des bastions 8 et 9. Tandis qu'une partie de leur colonne faisait feu sur la lunette, l'autre s'élançait dans les chemins couverts de la courtine, et dressait des échelles contre l'escarpe : opération d'autant plus facile que cette courtine n'avait point de contrescarpe, le fossé et le terre-plain du chemin couvert étant dans le même plan et sans aucune palissade. 300 Hessois, commandés par le chef de bataillon Weber, et les canonniers qui étaient sur le rempart, soutinrent vigoureusement l'attaque : ils roulèrent des bombes du haut des parapets, et forcèrent les assaillans de s'éloigner ; mais la lunette, qui avait été attaquée en même temps, fut prise.

Une demi-heure s'était à peine écoulée depuis cette première tentative d'escalade, lorsque deux divisions débouchèrent par la route de Valverde, et se présentèrent aux brèches. Une nuit très sombre favorisait les approches. Les colonnes d'attaque arrivèrent jusque sur les glacis sans être aperçues : les têtes de ces colonnes se jetèrent rapidement dans les fossés, et parvinrent jusqu'au pied des décombres. Le cliquetis des armes se fait entendre : soudain un cri s'élève : *les voilà ! les voilà !* Les bombes et les barils foudroyans éclatent : l'explosion culbute les assaillans ; mais pleins d'intrépidité et de courage, ils se rallient et reviennent à l'assaut. Nos braves les reçoivent sans s'ébranler, et les repoussent de nouveau dans le plus grand désordre. Les morts et les blessés sont amoncelés dans les fossés et sur les glacis ; déjà l'air retentit de cris de victoire, et le succès paraît certain (**). Durant ce conflit sanglant et si glorieux pour les défenseurs des brèches, le gouverneur, le général

(*) Les assiégeans comptaient 16 pièces de 24, 20 pièces de 18, et 16 obusiers : total, 52 bouches à feu.

(**) Nous avions fait disposer au pied des murs de contrescarpes, devant les brèches, quelques barils foudroyans, et 60 bombes de $0^{m},38^{c}$ (14 pouces) de diamètre, espacées de 4 mètres (2 toises environ) les unes des autres, en forme de chapelet, et couvertes de $0^{m},11^{c}$ (4 pouces) de terre. Des

Veiland, les officiers de l'état-major et la réserve, étaient réunis sur la place cotée D, à peu près au centre des attaques, quand tout à coup un chef de bataillon espagnol vint annoncer que l'ennemi avait pénétré par le bastion 6. Il était permis de croire à ce rapport, d'après le tumulte qui se faisait entendre de ce côté : le gouverneur, voulant s'en assurer par lui-même, y courut avec quelques officiers ; mais il vit que les braves qui défendaient ce bastion, n'avaient pas bougé, et reconnut que cette nouvelle était l'effet d'une terreur panique qui s'était emparée de l'officier espagnol au moment de l'explosion des bombes. Peu d'instans après cet incident, le lieutenant de dragons Lavigne, cherchant partout le gouverneur, arriva au galop pour annoncer que l'ennemi escaladait les murailles du château. La fausseté du rapport que l'on avait reçu immédiatement avant, fit douter de la vérité de celui-ci : l'on se refusait généralement à croire à un revers que tout devait faire

---

saucissons, placés entre des tuiles arrangées en augets, étaient destinés à communiquer le feu à ces espèces de mines défensives. Le lieutenant de mineurs Maillet était chargé de les faire sauter : cet officier saisit avec sang-froid l'instant opportun : il mit le feu lorsque les assaillans traversaient les fossés pour franchir les brèches. L'explosion se fit avec le plus grand fraças : le feu qui jaillissait du chapelet de bombes et des barils foudroyans, avec un bruit semblable à celui de la foudre, éclairait l'horison, et offrait un spectacle épouvantable. Pendant cette terrible scène, 6 à 700 des nôtres, munis chacun de trois fusils, tiraient à bout portant sur les Anglais, dont une grande partie ne pouvaient remonter les contrescarpes pour s'échapper : plus de 3000 furent tués ou blessés dans les fossés, dans les chemins couverts, et sur les glacis. Le comte de Liverpool, secrétaire d'état, écrivit au lord-maire de Londres, le 23 avril 1812, que la perte des assiégeans dans les assauts, avait été de 3600 hommes, dont 264 officiers et cinq généraux blessés. Les troupes qui défendaient les brèches n'eurent pas plus de 20 hommes hors de combat ; mais la garnison perdit le brave lieutenant de mineurs Maillet, qui fut atteint d'une balle au bras, et qui mourut des suites de cette blessure. Lord Wellington, dans un rapport à son gouvernement, en date du 8 avril 1812, évalue ses pertes à 4885 hommes, dont 378 officiers. Le journal du siége en accuse 4924, dont 3661 aux assauts et escalades, 3 officiers du génie tués et 2 blessés. La manière dont les attaques furent dirigées, les renseignemens que nous avons pris dans le temps sur les lieux et en Angleterre, nous autorisent à dire que la perte totale des assiégeans fut de plus de 6000 hommes.

Le mauvais succès des Anglais sur ce point, vient sans contredit des obstacles insurmontables qui leur furent opposés et de la bonne contenance des troupes qui le défendaient ; mais on peut aussi l'attribuer aux mauvaises dispositions de l'attaque. En effet, quel est le militaire, pour peu qu'il ait de théorie et d'expérience des siéges, qui ne dise que donner l'assaut aux brèches d'un corps de place avant d'avoir renversé la contrescarpe et formé les logemens sur les glacis, ne soit l'entreprise la plus hasardeuse et la plus inconsidérée que puisse faire un assiégeant? Les assaillans des brèches furent anéantis, ils devaient l'être.

considérer comme impossible (*) ; et un temps précieux fut perdu en hésitation. Le colonel des Hessois, sur lequel on devait compter, était chargé de défendre le château : ce chef n'avait rien mandé au gouverneur ; il avait près de lui plusieurs officiers et au moins 80 hommes de son régiment, ainsi que 25 Français et un petit détachement de canonniers. Toutefois les généraux Philippon et Veiland y envoyèrent quatre compagnies du 88.me, seule réserve, d'à peu près 200 hommes, qui restât disponible. Mais la fortune nous avait abandonnés ; l'ennemi, déjà maître du château, avait fermé la porte du côté du demi-bastion 9. Ces compagnies, à la tête desquelles était l'aide-de-camp Saint-Vincent, arrivèrent trop tard : elles furent reçues par une vive fusillade. L'aide-de-camp fut blessé, ainsi que les principaux officiers ; et les soldats furent dispersés, après avoir fait d'inutiles efforts pour reprendre le château. Dans ces entrefaites, deux compagnies du 9.me léger, qui étaient au bastion 1, reçurent aussi ordre de s'y rendre et d'y pénétrer par la porte cotée S ; mais, par un mal entendu et une fatalité inouïe, elles furent aux brèches, où elles restèrent sans utilité. La perte inattendue du poste que la garnison regardait comme son dernier réduit, ébranla subitement le moral de quelques officiers, et le désordre commença.

L'ennemi, après avoir traversé la Rivillas et tenté vainement d'escalader le front 8 et 9, avait gravi les rochers, et se glissant le long des murailles, était parvenu au point coté E. Ayant appliqué une seule échelle (**) contre l'escarpe, il avait escaladé le rempart par une embrasure, quoique les revêtemens en maçonnerie fussent intacts et élevés de plus de 6 mètres dans cette partie. Dans ce moment la résistance avait molli : on était arrivé promptement avec d'autres échelles, et le château avait été emporté. Les troupes qui s'y trouvaient furent égorgées ; le chef de bataillon Schmalkalder, l'adjudant-major Schulz des Hessois, et le capitaine d'artillerie d'Endré Saint-Victor, y périrent.

(*) Voyez la description de ce château, page 7.

(**) Extrait du journal de siége anglais.

Lord Wellington, ignorant ce qui se passait au château, et désespérant de surmonter les obstacles qui rendaient l'accès des brèches si meurtrier, avait donné l'ordre de la retraite (*), lorsqu'on lui apprit que le général Picktone (**), à la tête d'un détachement de la 3e. division, l'avait escaladé. C'est à la seule audace de ce général, et au défaut de surveillance ou à la pusillanimité de ceux qui lui étaient opposés, que lord Wellington dut ce succès extraordinaire.

La couronne de Pardaleras était attaquée en même temps que les brèches, par une autre division. La garnison de ce fort la reçut avec vigueur, et l'obligea de se retirer, laissant également les fossés et les glacis jonchés de morts et de blessés : ce ne fut que le lendemain dans la matinée qu'elle se rendit. Plus de 25 mille hommes (la moitié de l'armée ennemie) étaient employés aux assauts et aux escalades tout autour de la place. Il était minuit lorsqu'une dernière attaque eut lieu au bastion 1 : une des colonnes , la 5.me division , sous les ordres du lieutenant-général Leith et du major-général Valker (***), dressa ses échelles et l'escalada : ce qui était devenu très facile depuis qu'on avait affaibli le détachement qui le gardait, de plus des cinq sixièmes, pour tenter de reprendre le château par la porte cotée S. Néanmoins ce détachement ne céda qu'à la dernière extrémité; et la perte de l'ennemi sur ce point fut encore de plus de 600 hommes (****). De là il se répandit dans la ville, fit sa jonction avec la 3.me division; et tout fut perdu (*****). Dans cet état de choses, le gouverneur ne pouvait plus communiquer avec ses troupes : le trouble et l'incertitude s'emparèrent des esprits : on se fusillait dans les rues, on les parcourait en désordre: des cris de victoire, des gémissemens affreux se faisaient en-

(*) Ce fait est constaté par le journal de siége anglais et par d'autres rapports.

(**) Tué à Waterloo.

(***) Ce dernier général fut grièvement blessé pendant cette attaque.

(****) Extrait du journal anglais.

(*****) Le bataillon du 28.me, qui gardait les bastions 3 et 4, avait ordre, ainsi que toutes les troupes qui étaient sur les remparts, d'appuyer à droite ou à gauche, suivant le cas, pour repousser les assaillans; mais il ne fit aucun mouvement pour secourir le bastion 1. Peut-être fut-ce par un faux calcul qui

tendre : la confusion était à son comble. Cependant, au milieu de ce désordre extrême, et tel que l'imagination peut à peine se le représenter, le gouverneur et le général Veiland rassemblèrent une cinquantaine d'hommes et quelques cavaliers, avec lesquels ils passèrent sur la place de las Palmas. Ce ne fut que par ce moyen et à la faveur de l'obscurité qu'ils parvinrent, avec la majeure partie des officiers de l'état-major, à se retirer par le pont à San Cristoval. Il était alors une heure après minuit.

Les braves qui défendaient les brèches n'avaient pas bougé; mais abandonnés à eux-mêmes, ne recevant plus d'ordres, et voyant l'ennemi dans la place, ils cessèrent toute résistance, brisèrent leurs armes, et se rendirent. Quelques détachemens se retirèrent à Pardaleras et dans diverses maisons de la ville, où ils continuèrent à se défendre jusqu'à ce que le jour parut. Ces guerriers tout couverts de sang, la plupart blessés et dans l'impuissance de faire une plus longue résistance, tombèrent successivement au pouvoir des vainqueurs. Enfin, le 7, à six heures du matin, le gouverneur se vit dans la dure nécessité de se rendre : il fit arborer un mouchoir blanc au bout d'une bayonnette, et se livra à la discrétion des assiégeans avec son état-major et quelques centaines d'hommes qui avaient épuisé toutes leurs munitions. San Cristoval, qui lui servit de retraite, n'avait guère que 30 coups de canon à tirer; et il n'y existait pas une seule ration de vivres. L'ennemi trouva dans la place 12 milliers de poudre, 140 bouches à feu, et un équipage de pont : il n'y avait plus ni bombes ni obus de calibre.

Les malheurs qui résultèrent de la prise de Badajoz, se répandirent également sur ses habitans. Cette ville, qui soutint trois

---

vient trop souvent de l'égoïsme, d'où il résulte qu'on s'intéresse moins à la sûreté de ses voisins qu'à la sienne propre, ce qui conduit presque toujours à la perte de tout. Aussitôt que l'ennemi fut maître du bastion 1, il s'avança le long des remparts, pour se porter sur les derrières des défenseurs des brèches; mais il rencontra le 28.me et le 58.me, commandés par le capitaine de grenadiers Malbeste, et il s'engagea alors un combat corps à corps sur le terre-plain des bastions 3 et 4. Ces troupes parvinrent à repousser les Anglais jusqu'au bastion 1, par lequel ils étaient entrés. Sourds à la voix de leur général, qui faisait les plus grands efforts pour les faire avancer, ils furent un instant saisis de terreur, et ils fuyaient sans combattre. La fortune semblait revenir à nous; mais la réserve qui était déjà formée dans le bastion 1, détruisit l'action des deux bataillons, dont l'effectif ne s'élevait pas ensemble à plus de 400 hommes.

siéges en quinze mois, fut dans ce dernier livrée au sac, vit tomber un grand nombre de ses édifices et de ses temples, et périr une partie de sa population. Les assiégeans ternirent l'éclat de leur victoire par des excès de licence et de barbarie, dont une guerre de la nature de celle qu'ils faisaient aurait dû les éloigner : ils spolièrent les habitans avec violence comme leurs ennemis. Peu de villes prises d'escalade ont présenté un spectacle de dévastation plus hideux. Le chef de bataillon Nieto, le capitaine Romero, les lieutenans Gambari, Olize, Guevora, et quelques soldats espagnols au service de Joseph Buonaparte, qui s'étaient confiés aux assiégeans, furent livrés aux partisans de Ferdinand VII, et fusillés peu de temps après. Le brave capitaine d'artillerie Fariñas, qui connaissait mieux ses ennemis, se plaça sur la bouche d'un mortier, y mit le feu, et se fit sauter.

Ainsi se termina ce dernier siége, que plusieurs circonstances concourent à rendre mémorable, et qui mérite d'être cité parmi les faits d'armes les plus glorieux. Cette place, déjà célèbre par les désastres des précédens, n'était pas encore entièrement relevée de ses ruines lorsqu'elle fut investie de nouveau : mal pourvue de munitions, n'ayant que des ouvrages imparfaits et une garnison insuffisante, il fallut rassembler et organiser en peu de temps des moyens de défense pour résister à toute l'armée anglo-portugaise, approvisionnée d'un matériel immense, maîtresse des communications, et aidée par les habitans. Dans cette position défavorable, le succès d'une lutte aussi inégale dépendait principalement de la célérité des préparatifs et de toutes les ressources de l'art, pour donner à cette forteresse, qui n'est que du troisième ordre, les propriétés sans lesquelles la valeur ne peut rien contre le nombre : aussi est-il permis de dire que l'industrie ne contribua pas moins que le courage des troupes à prolonger cette défense, qui dura 21 jours de tranchée ouverte, et occasionna à l'ennemi une perte à peu près double de l'effectif des défenseurs.

En définitif, nous espérons avoir démontré que cette défense a été poussée jusqu'au dernier degré de vigueur : tels étaient les obstacles, que les assiégeans ne purent pénétrer par les brèches, malgré la bravoure et les efforts réitérés de leurs meilleures troupes. Ainsi la perte de Badajoz, répétons-le hardiment, ne fut due qu'à l'événement imprévu du château, sur lequel nous avons déjà fait connaître notre opinion, et que nous appuierons par un rapprochement que nous fournit une des époques les plus mémorables de l'histoire de France : il mettra nos lecteurs à même de porter un jugement sur cette déplorable catastrophe.

« En 1590, au temps de la ligue et du siége de Paris, Chatillon « fut chargé par le Roi de surprendre cette capitale. Il arriva sur les « onze heures du soir dans le faubourg Saint-Jacques, à la proximi- « té des murs de Sainte-Geneviève. Comme tout le monde, jusqu'aux « prêtres et aux religieux, montait la garde, les jésuites étaient « dans cet endroit qui était dans le voisinage de leur collége. Ils « entendirent quelque bruit et ils donnèrent l'alarme. Les bour- « geois accoururent sur le rempart. Chatillon fait halte et ordonne « à ses gens de garder un profond silence. Les Parisiens, n'enten- « dant plus rien, croient que c'est une fausse alarme et se retirent « chez eux. Sur les quatre heures du matin, Chatillon fait descen- « dre ses gens dans le fossé ; ils gagnent le pied de la muraille « sans être aperçus; ils y appliquent 7 ou 8 échelles, justement « au point que les jésuites gardaient, et où l'un d'eux était en sen- « tinelle avec N.as Nivelle, libraire, et G.me Balden, avocat. A « la vue du premier soldat qui parut au sommet d'une échelle, « le jésuite crie aux armes, et allant droit à lui, lui casse sa hal- « lebarde sur la tête et le renverse dans le fossé. Trois autres sau- « tent aussitôt sur le rempart ; ils sont culbutés par le jésuite, « secondé du libraire et de l'avocat. Les corps-de-garde voisins ac- « courent de toutes parts ; on jette des bottes de paille allumées « dans le fossé ; en peu de temps les murailles sont couvertes de « défenseurs. Chatillon ne voyant plus d'espérance de réussir, fait « sonner la retraite; et ceux qui l'accompagnaient, furent obligés de « se retirer avec lui. »

Le lecteur dira sans doute, que si parmi les défenseurs du château, il s'en était trouvé trois aussi vaillans que le jésuite, l'avocat et le libraire, Badajoz n'eût pas été pris dans la nuit du 6 au 7 avril; et les Anglais perdaient vraisemblablement, pour la deuxième fois, le fruit des plus grandes sollicitudes de leur général en chef. C'est ainsi que la plupart des événemens n'ont que des causes fort simples, et ne sont souvent que l'effet du hasard ou d'un pouvoir invincible de la fatalité, qui triomphe de tous les efforts des hommes.

Le duc de Dalmatie, qui avait réuni au cinquième corps tout ce qu'il avait de troupes disponibles en Andalousie, s'avançait au secours de la place : il n'en était plus qu'à deux journées de marche, quand il apprit qu'elle avait succombé. L'armée de Portugal, sans l'aide de laquelle il ne pouvait forcer les Anglais d'abandonner le siége, s'était également mise en marche pour faire une diversion ; mais le peu d'accord qui régnait alors entre les mouvemens des armées françaises dans la péninsule, amena ce résultat fâcheux (*).

Il nous reste à rendre compte du zèle et du dévouement des officiers et des troupes du génie; et nous devons citer particulièrement le capitaine Lefaivre, qui s'est distingué par son courage et par ses talens, ainsi que le capitaine des mineurs C. J. Lenoir, qui fut blessé aux travaux des brèches : le capitaine des sapeurs Martin, et l'adjudant Henneberg, furent aussi grièvement blessés.

Le gouverneur, dans son rapport, donna des éloges aux troupes de toutes les armes, pour leur bravoure et leur persévérance dans les plus grands dangers. Les Hessois se distinguèrent pendant toute la durée du siége, surtout à la défense des brèches et à la courtine 8 et 9. Le détachement espagnol au service du roi Joseph, soutint dignement le caractère de cette nation belliqueuse.

(*) Nous devons pourtant ajouter que l'insuffisance numérique de la garnison fut aussi une des principales causes qui détermina la chûte de cette place : elle n'avait jamais compté plus de 4000 combattans, et elle était réduite à moins de 3000 au moment des assauts. Son développement et ses ouvrages extérieurs nécessitaient une force de 7000 hommes. Le duc de Dalmatie battit Mendizabal à la bataille de la Gevora, et prit Badajoz en mars 1811, avec une armée qui n'excédait guère 11 mille hommes : la garnison était primitivement de 9 mille Espagnols, dont 7880 furent faits prisonniers de guerre le jour de sa reddition.

SITUATION DE LA GARNISON DE BADAJOZ,

A l'époque du 16 Mars 1812.

ÉTAT-MAJOR.

		hommes.
Le général de division baron PHILIPPON, gouverneur........	DUHAMEL, lieutenant aide-de-camp, (tué à la sortie du 29.) DEMEUVE.......... *idem*...........	
Le général de brigade baron VEILAND, commandant en second.	MASSOT, capitaine aide-de-camp..... SAINT-VINCENT, lieutenant, *idem*...	11
Le chevalier CHARPENTIER, major, commandant de la place...	DE GRASSE, officier d'état-major..... DENISOT, lieutenant adjudant de place.	
Le colonel d'état-major GASPARD THIERRY..............................		
Le colonel d'état-major PINEAU..............................		

Le colonel PICOTEAU, commandant l'artillerie.............................. Le chef de bataillon L'ESPAGNOL, commandant en second.............................. Le capitaine d'artillerie GUIRAUD.............................. Le capitaine d'artillerie D'ANDRÉ-SAINT-VICTOR (tué pendant la nuit des assauts).............................. Un chef de bataillon d'artillerie espagnol et deux capitaines..............................	7

Le colonel LAMARE, commandant le génie.............................. Le chef de bataillon TRUILHIER, commandant en second (tué aux travaux des brèches).............................. Le capitaine de génie LEFAIVRE.............................. Le capitaine du génie MEYNHART (hollandais)..............................	4

Le sous-inspecteur aux revues PAZIUS.............................. Le commissaire des guerres VIENNÉ.............................. Le garde-magasin L. COUPIN..............................	5

TROUPES.

ARTILLERIE, officiers compris. — 1.re Compagnie du 5.me régiment; 1.re compagnie du 12.me; et un détachement d'ouvriers..............................	233
GÉNIE, officiers compris. — 2.me Compagnie du 2.me bataillon de mineurs; 1.re compagnie du 2.me bataillon de sapeurs; et un détachement de la 5.me compagnie du même bataillon..............	265
INFANTERIE. — 9.me Léger, 3.me bataillon; 28.me *idem*, 1.er bataillon; 58.me de ligne, 1.er bataillon; 88.me *idem*, 3.me bataillon; 103.me *idem*, 3.me bataillon; et deux compagnies du 64.me *idem*. — Ensemble, officiers compris, environ..............................	2680
Un régiment de Hesse Armstadt, avec un détachement de canonniers, officiers compris....	900
Un détachement espagnol, officiers compris, environ..............................	50
DRAGONS et CHASSEURS à CHEVAL, deux officiers compris..............................	50
TRAIN D'ARTILLERIE et ÉQUIPAGES MILITAIRES, environ..............................	150
TOTAL des COMBATTANS, officiers compris..............................	4333
EMPLOYÉS des administrations, cantiniers, marchands, malades et domestiques..............................	667
TOTAL GÉNÉRAL..............................	5000
PERTES en tués et blessés, environ..............................	1500
PRISONNIERS de GUERRE, officiers compris.........	3500

PLAN DE BADAJOZ

ET DES ATTAQUES FAITES PAR LES ANGLAIS EN 1812.

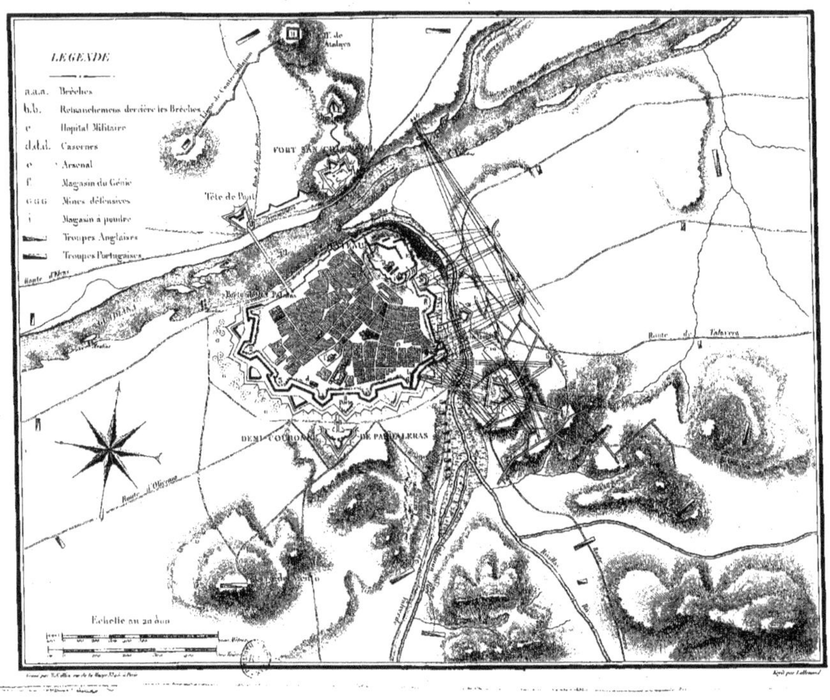

www.ingramcontent.com/pod-product-compliance
Lightning Source LLC
LaVergne TN
LVHW020249230826
846091LV00006B/2318

* 9 7 8 2 0 1 3 7 2 9 8 5 7 *